Impressum
Verlag: BABADADA GmbH, Nedderfeld 112 , 22529 Hamburg
Geschäftsführer / Verlagsleitung: Harald Hof
Druck: Books on Demand GmbH, In de Tarpen 42, 22848 Norderstedt

Imprint
Publisher: BABADADA GmbH, Nedderfeld 112 , 22529 Hamburg, Germany
Managing Director / Publishing direction: Harald Hof
Print: Books on Demand GmbH, In de Tarpen 42, 22848 Norderstedt, Germany

# училище
# škola

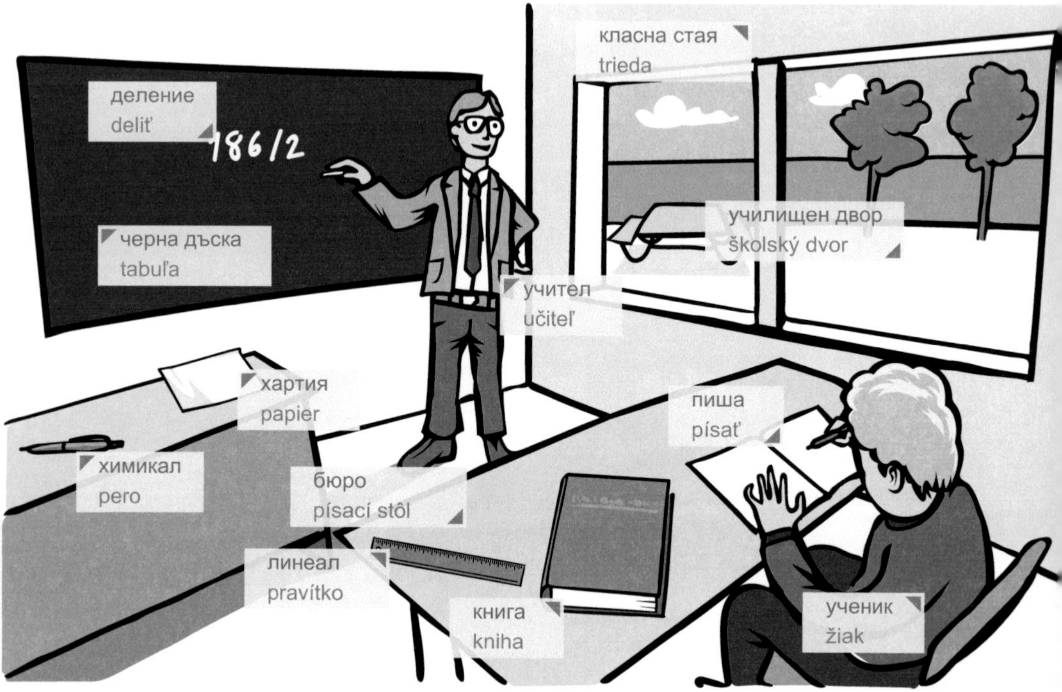
класна стая
trieda
деление
deliť
186/2
черна дъска
tabuľa
училищен двор
školský dvor
учител
učiteľ
хартия
papier
пиша
písať
химикал
pero
бюро
písací stôl
линеал
pravítko
книга
kniha
ученик
žiak

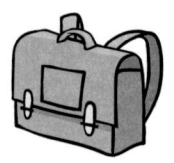

ученическа раница

školská taška

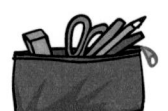

ученически несесер

peračník

молив

ceruza

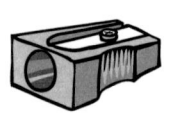

острилка за моливи

strúhadlo na ceruzky

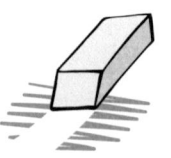

гума

guma

блок за рисуване

skicár

рисунка

kresba

четка

štetec

акварелни бои

vodové farby

ножица

nožnice

лепило

lepidlo

тетрадка за упражнения

cvičný zošit

домашна работа

domáca úloha

число

číslo

събиране

sčítať

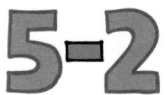

изваждане

odčítať

умножение

násobiť

смятане

počítať

буква

písmeno

азбука

abeceda

дума

slovo

текст

text

чета

čítať

тебешир

krieda

час

hodina

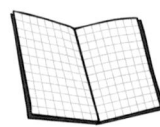

дневник на класа

triedna kniha

изпит

skúška

свидетелство

certifikát

ученическа униформа

školská uniforma

образование

vzdelanie

справочник

encyklopédia

университет

univerzita

микроскоп

mikroskop

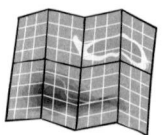

карта

mapa

кошче за хартиени
отпадъци

kôš na papier

# пътуване
## cesta

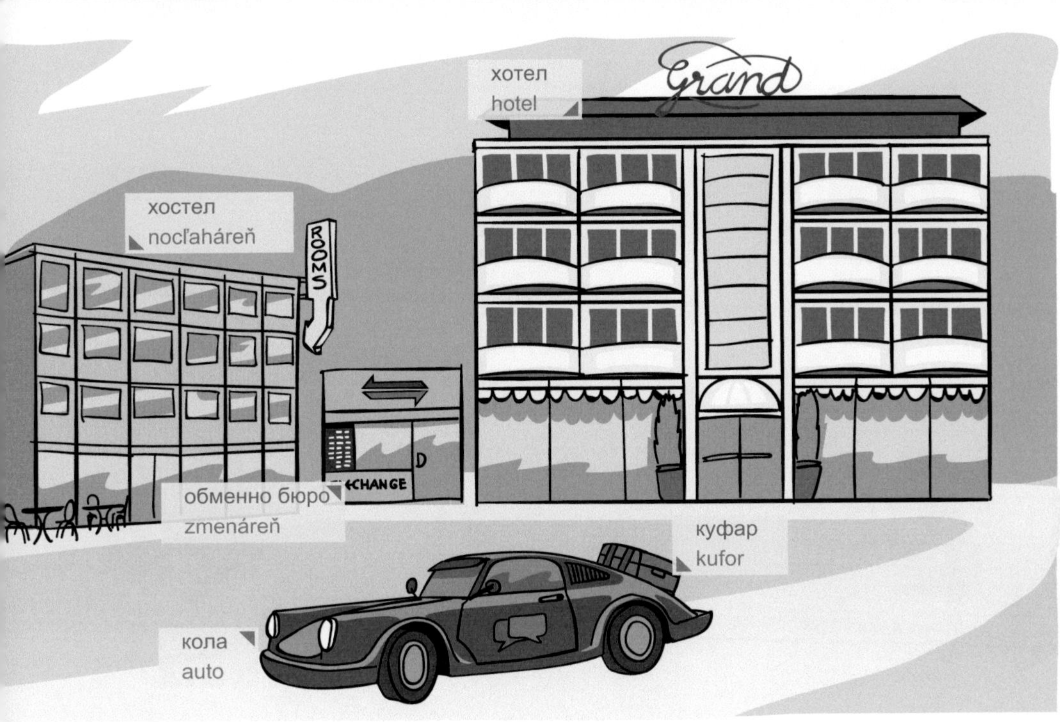
хотел
hotel
Grand
хостел
nocľaháreň
ROOMS
обменно бюро
zmenáreň
куфар
kufor
кола
auto

език
jazyk

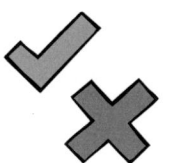

да / не
áno/nie

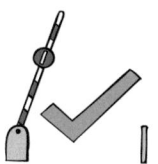

Окей
v poriadku

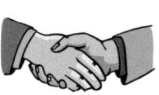

здравей
ahoj

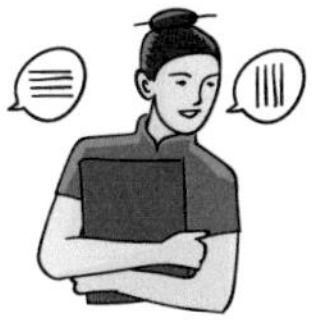

преводач
prekladateľ

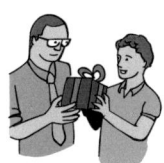

Благодаря
ďakujem

Колко струва…?

Koľko stojí … ?

Не разбирам

Nerozumiem

проблем

problém

Добър вечер!

Dobrý večer!

Добро утро!

Dobré ráno!

Лека нощ!

Dobrú noc!

довиждане

Dovidenia

посока

smer

багаж

batožina

пътна чанта

taška

раница

batoh

посетител

hosť

стая

izba

спален чувал

spacák

палатка

stan

уристическа информация

informácie pre turistov

плаж

pláž

кредитна карта

kreditná karta

закуска

raňajky

обед

obed

вечеря

večera

билет

cestovný lístok

асансьор

výťah

пощенска марка

poštová známka

граница

hranica

митница

clo

посолство

veľvyslanectvo

виза

vízum

паспорт

cestovný pas

# транспорт
# doprava

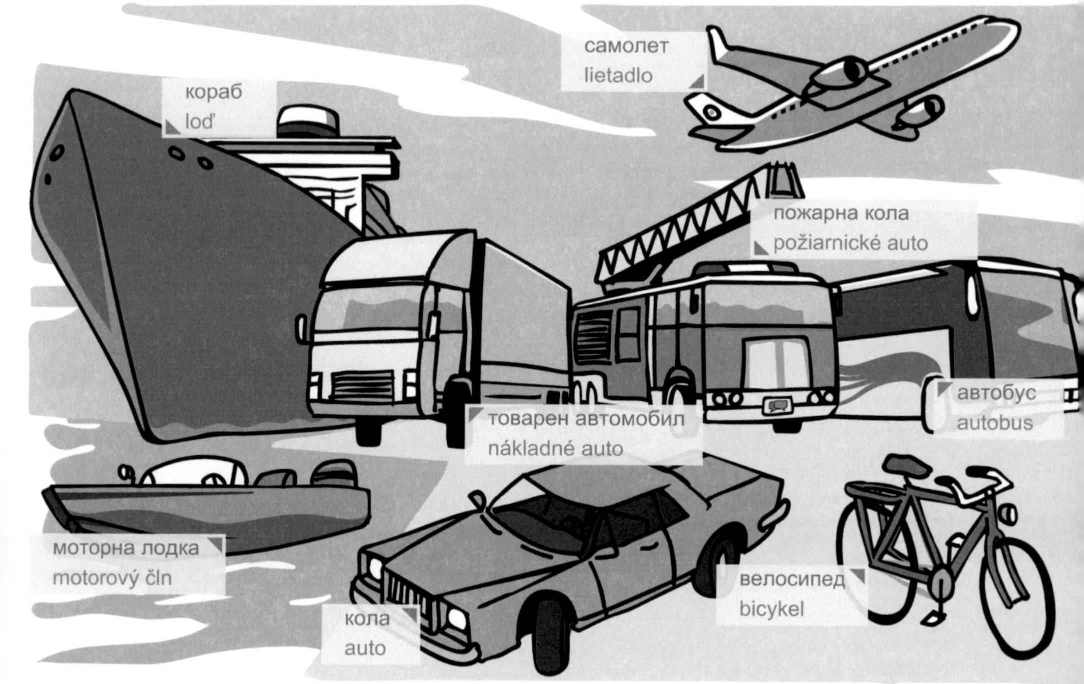
самолет
lietadlo
кораб
loď
пожарна кола
požiarnické auto
автобус
autobus
товарен автомобил
nákladné auto
моторна лодка
motorový čln
велосипед
bicykel
кола
auto

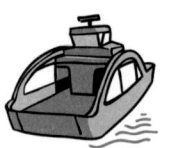

ферибот

trajekt

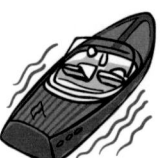

лодка

loď

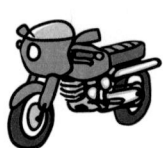

мотоциклет

motorka

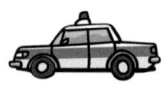

полицейска кола

policajné auto

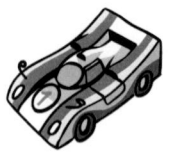

състезателна кола

pretekárske auto

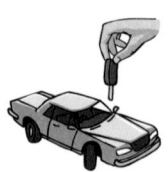

кола под наем

vozidlo z požičovne

каршеринг

carsharing

автомобил от "Пътна помощ"

odťahové auto

сметовоз

smetiarske auto

двигател

motor

бензин

benzín

бензиностанция

čerpacia stanica

пътен знак

dopravná značka

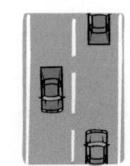

улично движение

premávka

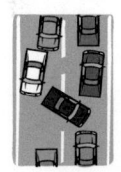

задръстване

zápcha

паркинг

parkovisko

гара

vlaková stanica

релси

trate

влак

vlak

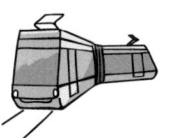

трамвай

električka

вагон

vagón

хеликоптер

helikoptéra

аерогара

letisko

кула

veža

пасажер

pasažier

контейнер

kontajner

кашон

kartón

ръчна количка

vozík

кошница

kôš

излитам / приземявам се

štartovať / pristáť

## град

## mesto

село

dedina

градски център

centrum mesta

къща

dom

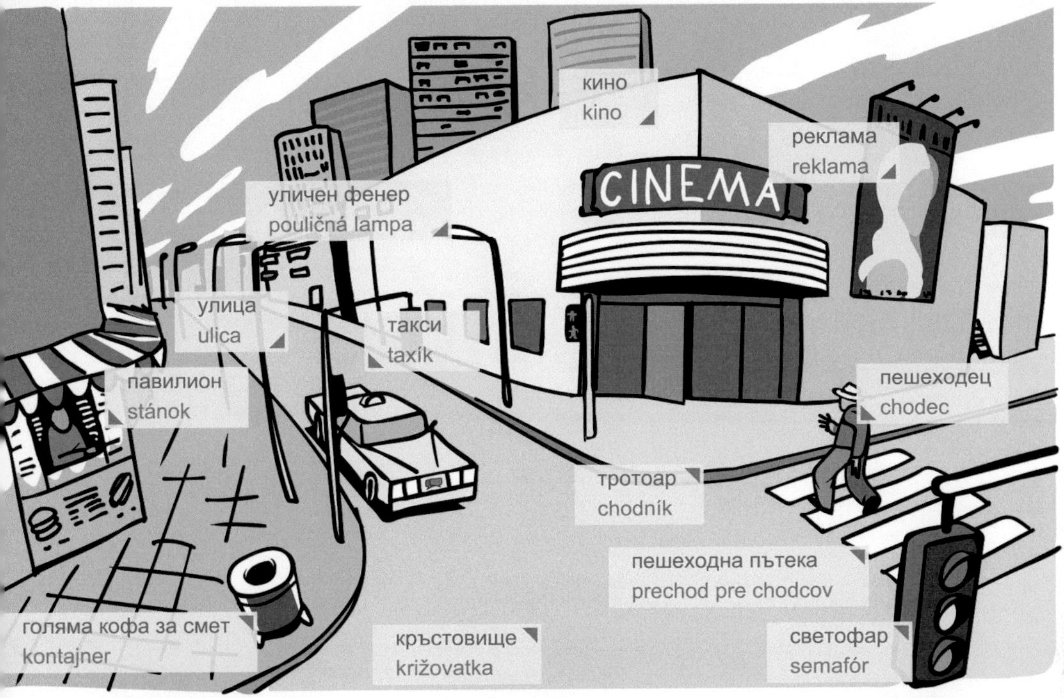

кино
kino

реклама
reklama

уличен фенер
pouličná lampa

улица
ulica

такси
taxík

павилион
stánok

пешеходец
chodec

тротоар
chodník

пешеходна пътека
prechod pre chodcov

голяма кофа за смет
kontajner

кръстовище
križovatka

светофар
semafór

хижа

chata

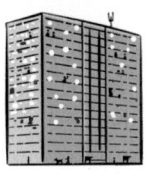

жилище

byt

гара

vlaková stanica

кметство

radnica

музей

múzeum

училище

škola

университет

univerzita

банка

banka

болница

nemocnica

хотел

hotel

аптека

lekáreň

офис

kancelária

книжарница

kníhkupectvo

магазин за цветя

obchod

магазин за цветя

kvetinárstvo

супермаркет

supermarket

пазар

trh

универсален магазин

obchodný dom

търговец на риба

obchodník s rybami

търговски център

nákupné stredisko

пристанище

prístav

парк

park

пейка

lavička

мост

most

стълба

schody

метро

metro

тунел

tunel

автобусна спирка

autobusová zastávka

бар

bar

ресторант

reštaurácia

пощенска кутия

poštová schránka

улична табелка

tabuľa s názvom ulice

часовник за паркинг
престой

parkovacie hodiny

зоологическа градина

ZOO

плувен басейн

plaváreň

джамия

mešita

селски двор
farma

замърсяване на околната
среда
znečisťovanie životného
prostredia

гробище
cintorín

църква
kostol

детска площадка
ihrisko

храм
chrám

## пейзаж
## terén

листо
list

пътепоказател
smerová tabuľa

път
cesta

ливада
lúka

камък
kameň

дърво
strom

пътешественик
turista

река
rieka

трева
tráva

цвете
kvet

долина

dolina

планина

kopec

море

jazero

гора

les

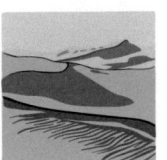

пустиня

púšť

вулкан

vulkán

замък

zámok

дъга

dúha

гъба

hríb

палма

palma

комар

komár

муха

mucha

мравка

mravec

пчела

včela

паяк

pavúk

бръмбар

chrobák

жаба

žaba

катеричка

veverička

таралеж

jež

заек

zajac

кукумявка

sova

птица

vták

лебед

labuť

диво прасе

diviak

елен

jeleň

лос

los

бент

hrádza

вятърна турбина

veterná turbína

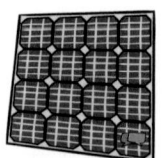

соларен модул

solárny panel

климат

podnebie

# ресторант
# reštaurácia

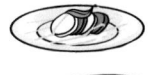

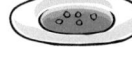

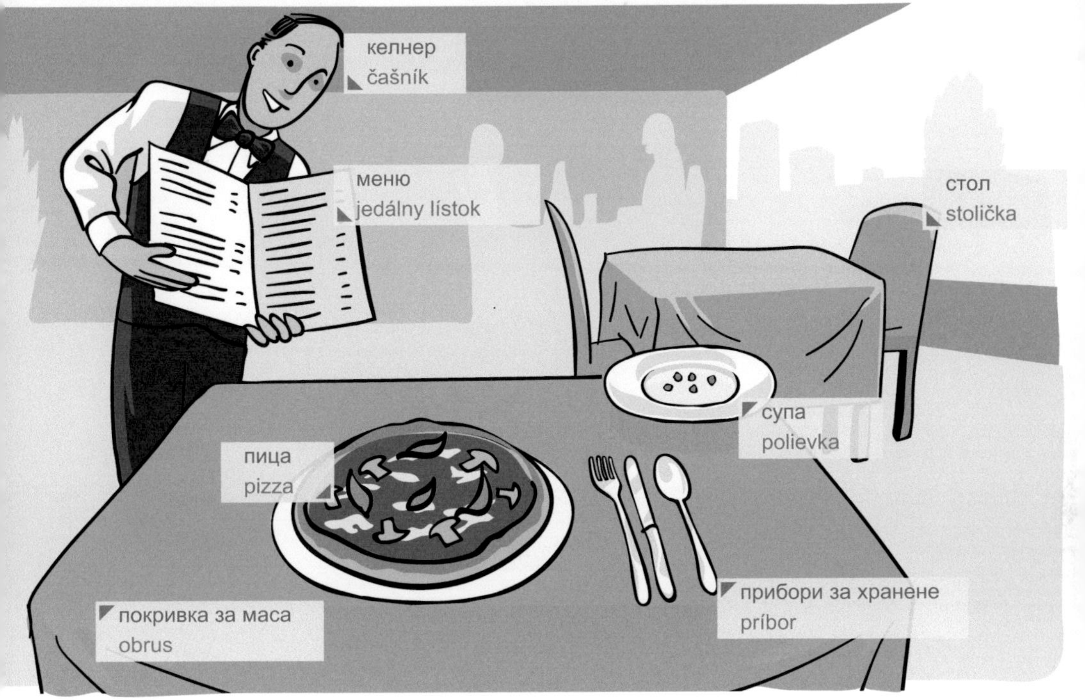
келнер
čašník
меню
jedálny lístok
стол
stolička
супа
polievka
пица
pizza
прибори за хранене
príbor
покривка за маса
obrus

предястие

predjedlo

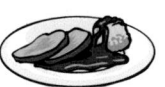

основно ястие

hlavné jedlo

десерт

zákusok

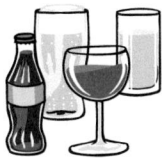

напитки

nápoje

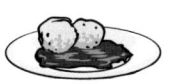

ядене

jedlo

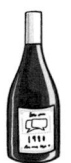

бутилка

fľaša

бързо хранене

fast-food

улична храна

street food

кана за чай

kanvica na čaj

кутия за захар

cukornička

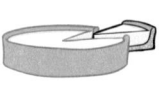

порция

porcia

еспресо машина

stroj na espresso

висок детски стол

detská stolička

сметка

účet

табла

podnos

ножица за нокти

nôž

вилица

vidlička

лъжица

lyžica

чаена лъжичка

čajová lyžička

салфетка

obrúsok

стъклена чаша

pohár

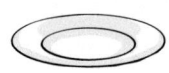

чиния

tanier

чиния за супа

hlboký tanier

чинийка

podšálka

сос

omáčka

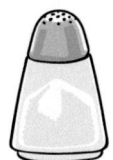

солница

soľnička

мелничка за черен пипер

mlynček na korenie

оцет

ocot

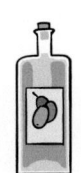

олио

olej

подправки

korenie

кетчуп

kečup

горчица

horčica

майонеза

majonéza

# супермаркет
# supermarket

оферта
špeciálna ponuka
FOR
клиент
klient
млечни продукти
mliečne výrobky
плодове
ovocie
количка за покупки
nákupný vozík


BUTCHERS


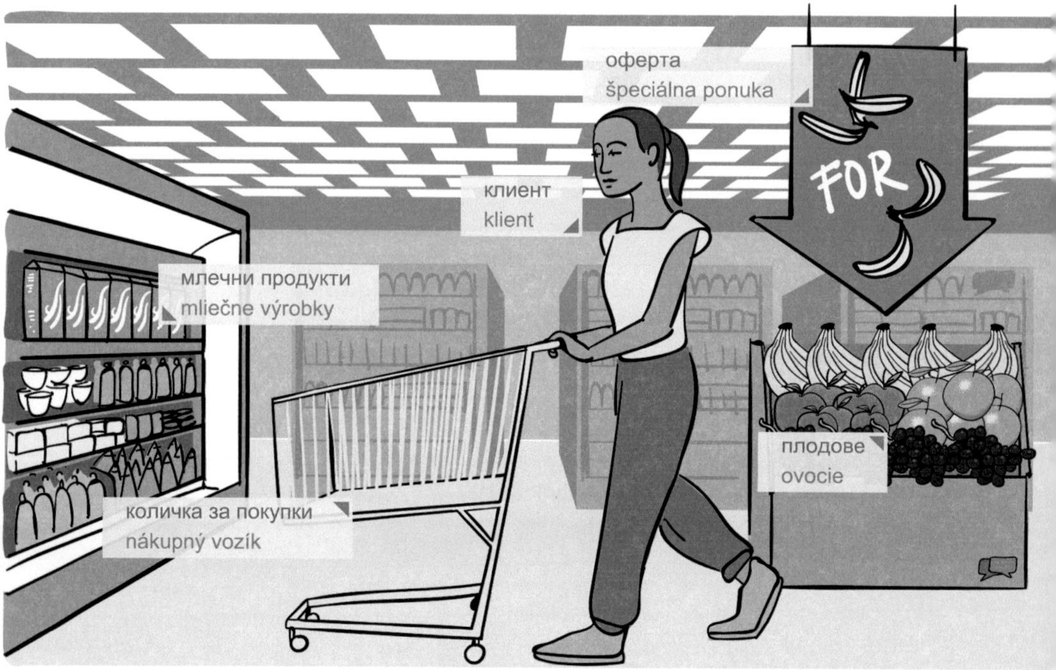

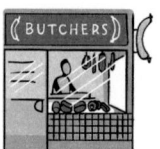

кланица

mäsiarstvo

BAKERY


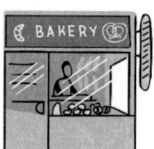

хлебарница

pekáreň

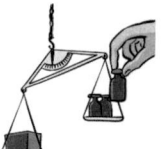

тегля

vážiť

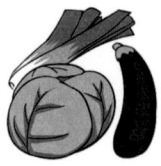

зеленчуци

zelenina

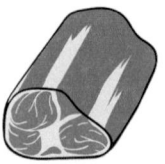

месо

mäso

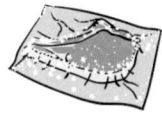

дълбоко замразена храна

mrazené potraviny

нарязан колбас или
сирене
nárez

консерви

konzervy

перилен препарат

prací prostriedok

лакомства

sladkosti

домакински изделия

domáce potreby

почистващи препарати

čistiace prostriedky

продавачка

predavačka

каса

pokladňa

касиер

pokladník

списък на покупките

nákupný zoznam

работно време

otváracie hodiny

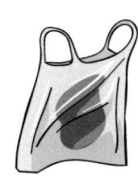

портфейл

peňaženka

кредитна карта

kreditná karta

чанта

taška

пластмасова торба

plastové vrecko

вода

voda

сок

džús

мляко

mlieko

кола

kola

вино

víno

бира

pivo

алкохол

alkohol

какао

kakao

чай

čaj

кафе машина

káva

еспресо

espresso

капучино

kapučíno

банан

banán

ябълка

jablko

портокал

pomaranč

пъпеш

melón

лимон

citrón

морков

mrkva

чесън

cesnak

бамбук

bambus

лук

cibuľa

гъба

hríb

ядки

orechy

макарони

rezance

спагети

špagety

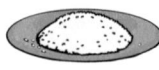

ориз

ryža

салата

šalát

пържени картофи

hranolky

печени картофи

pečené zemiaky

пица

pizza

хамбургер

hamburger

сандвич

obložený chlebík

шницел

rezeň

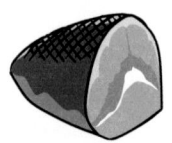

шунка

šunka

траен колбас

saláma

салам

klobása

пиле

kurča

печено

pečené mäso

риба

ryba

овесени ядки

ovsené vločky

мюсли

müsli

корнфлейкс

kukuričné lupienky

брашно

múka

кроасан

croissant

хлебчета

pečivo

хляб

chlieb

препечена филийка

hrianka

бисквити

sušienky

масло

maslo

извара

tvaroh

сладкиш

koláč

яйце

vajce

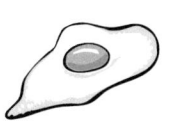

яйца на очи

volské oko

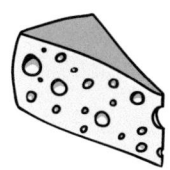

сирене

syr

сладолед

zmrzlina

захар

cukor

мед

med

мармалад

lekvár

нуга крем

nugátová nátierka

къри

karí korenie

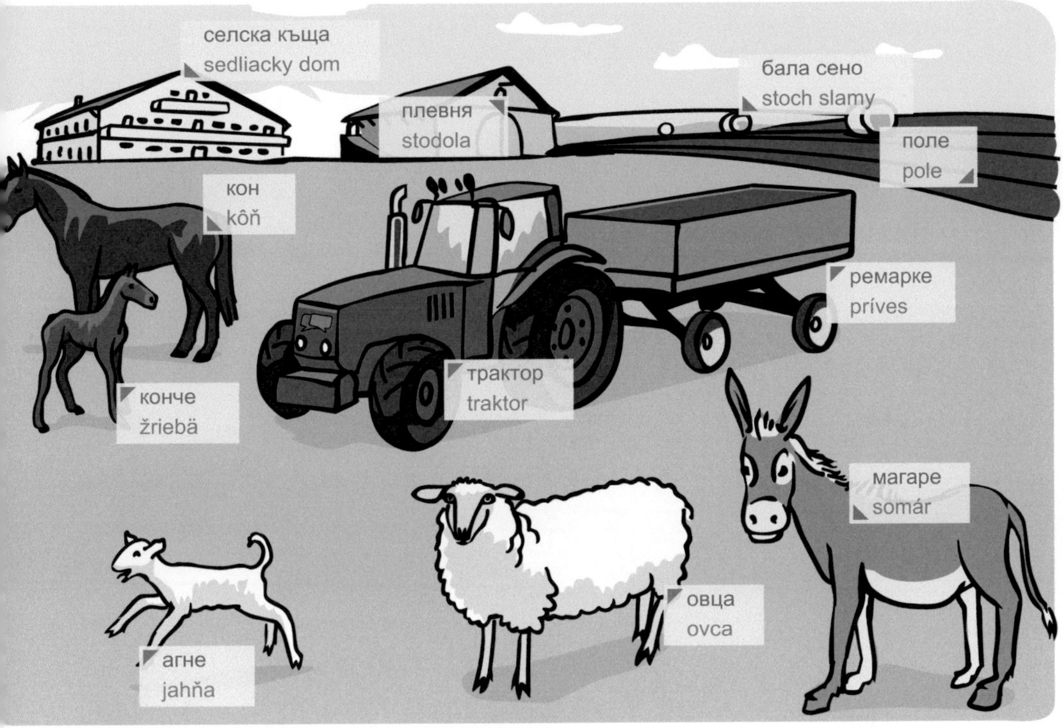

селска къща
sedliacky dom

плевня
stodola

бала сено
stoch slamy

поле
pole

кон
kôň

ремарке
príves

конче
žriebä

трактор
traktor

магаре
somár

агне
jahňa

овца
ovca

коза
koza

крава
krava

теле
teľa

свиня
prasa

прасенце
prasiatko

бик
býk

гъска

hus

патица

kačica

пиленце

kuriatko

кокошка

sliepka

петел

kohút

плъх

potkan

котка

mačka

мишка

myš

вол

vôl

куче

pes

кучешка колиба

psia búda

градински маркуч

záhradná hadica

лейка

krhla

коса

kosa

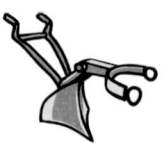

плуг

pluh

сърп

kosák

мотика

motyka

вила за тор

vidly na hnoj

брадва

sekera

ръчна количка

fúrik

корито

koryto

съд за мляко

kanva na mlieko

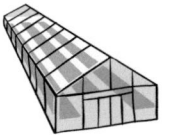

чувал

vrece

ограда

plot

обор

maštaľ

парник

skleník

земя

pôda

сеитба

osivo

тор

hnojivo

комбайн

kombajn

жъна

žať

реколта

žatva

ямс

batát

жито

pšenica

соя

sója

картоф

zemiak

царевица

kukurica

рапица

repka

овощно дърво

ovocný strom

маниока

maniok

зърнени храни

obilie

# къща
# dom

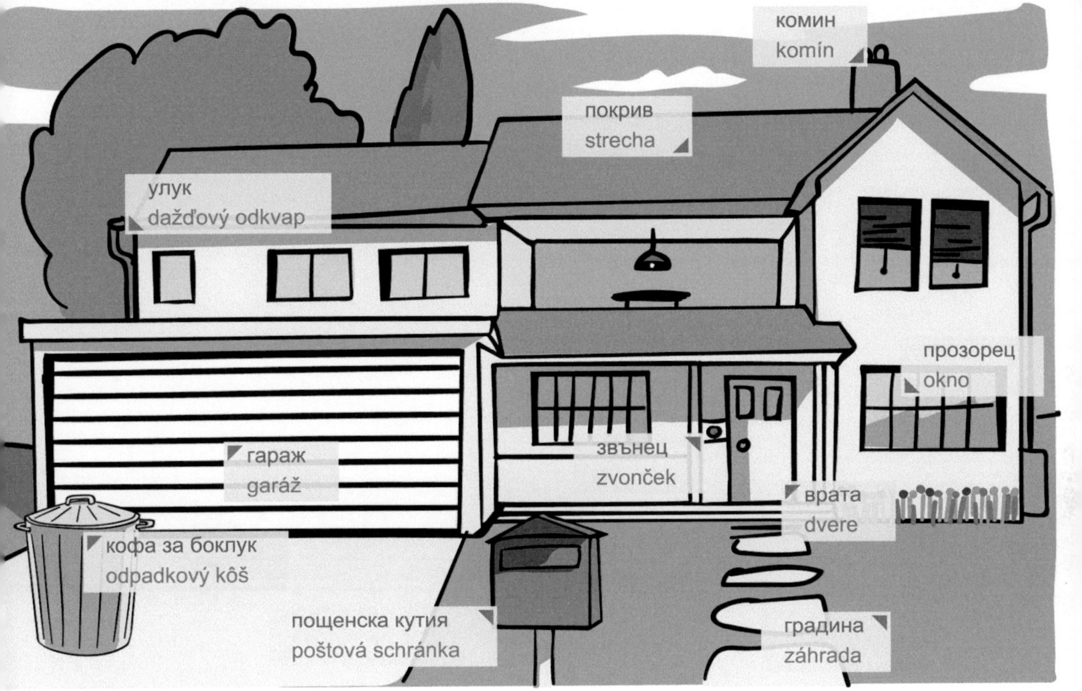
комин
komín
покрив
strecha
улук
dažďový odkvap
прозорец
okno
гараж
garáž
звънец
zvonček
врата
dvere
кофа за боклук
odpadkový kôš
пощенска кутия
poštová schránka
градина
záhrada

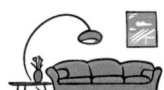

всекидневна

obývačka

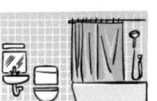

баня

kúpeľňa

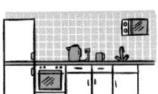

кухня

kuchyňa

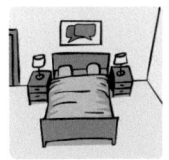

спалня

spálňa

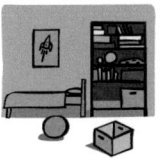

детска стая

detská izba

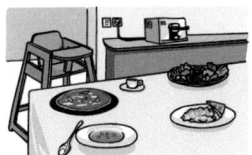

трапезария

jedáleň

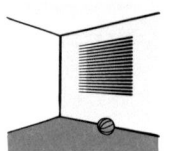

под

podlaha

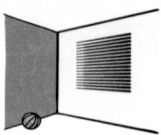

стена

stena

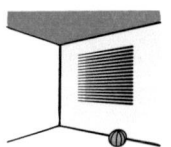

таван

strop

изба

pivnica

сауна

sauna

балкон

balkón

тераса

terasa

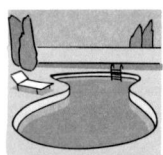

плувен басейн

bazén

косачка

kosačka

спално бельо

obliečka

покривка за легло

posteľná prikrývka

легло

posteľ

метла

metla

кофа

vedro

електрически ключ

vypínač

# всекидневна

# obývačka

тапет
tapeta
картина
obraz
лампа
lampa
рафт
regál
шкаф
skriňa
телевизор
televízor
камина
kozub
цвете
kvet
възглавница
vankúš
канапе
pohovka
ваза
váza
дистанционно управление
diaľkové ovládanie

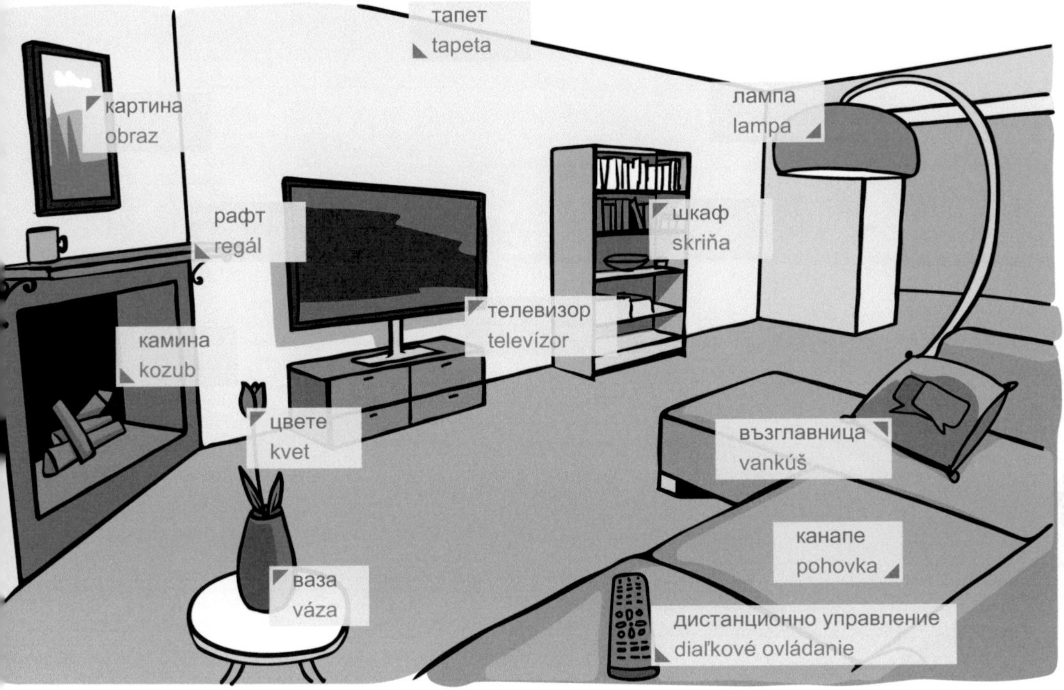

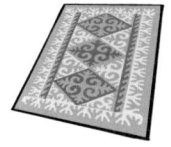

килим

koberec

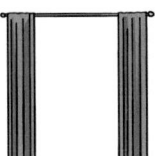

завеса

záclona

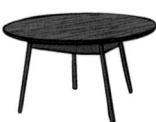

маса

stôl

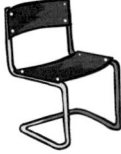

стол

stolička

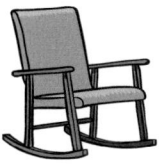

люлеещ се стол

hojdacie kreslo

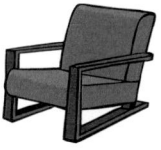

кресло

kreslo

книга

kniha

одеяло

prikrývka

декорация

dekorácia

дърва за отопление

drevo na kúrenie

филм

film

стерео уредба

hi-fi veža

ключ

kľúč

вестник

noviny

живопис

maľba

постер

plagát

радио

rádio

бележник

zápisník

прахосмукачка

vysávač

кактус

kaktus

свещ

sviečka

# кухня
# kuchyňa

хладилник
chladnička
микровълнова фурна
mikrovlnka
кухненска везна
kuchynské váhy
тостер
hriankovač
почистващо средство
čistiaci prostriedok
фурна
pec
хладилна камера
mraziarenský box
кофа за боклук
odpadkový kôš
миялна машина
umývačka riadu


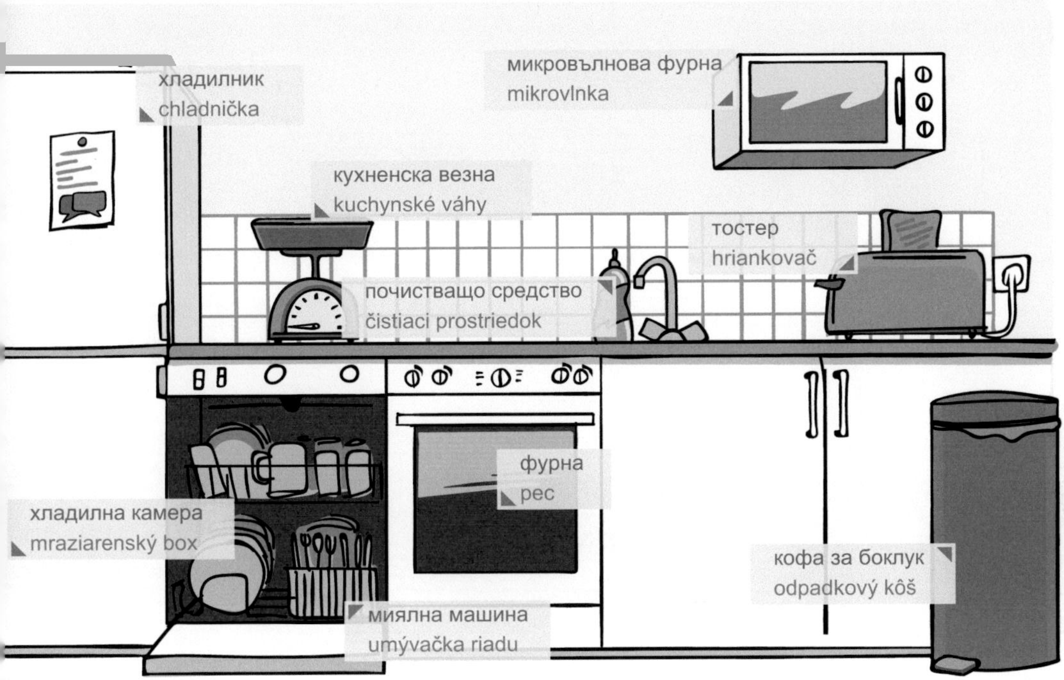

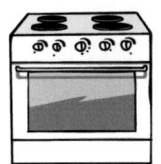

готварска печка

sporák

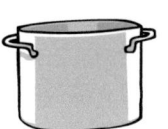

тенджера

hrniec

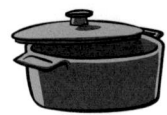

желязна тенджера

železný hrniec

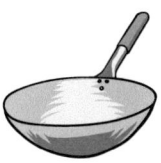

уок / кадаи

wok / kadai

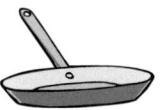

тиган

panvica

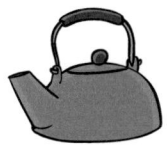

кана за затопляне на вода

rýchlovarná kanvica

уред за готвене на пара

parný hrniec

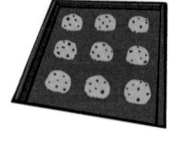

тава за печене

plech na pečenie

съдове

riad

чаша

pohár

купа

misa

клечки за хранене

paličky

черпак

naberačka na polievku

лопатка за тиган

stierka

тел за разбиване (на яйца, белтъци)

metlička

кошница за варене

cedidlo

гевгир

sitko

ренде

strúhadlo

хаван

mažiar

барбекю

gril

огнище

ohnisko

дъска

doska na krájanie

точилка

valček na cesto

тирбушон

vývrtka

кутия

konzerva

отварачка за консерви

otvárač na konzervy

кухненска ръкохватка

chňapka

мивка

výlevka

четка

kefa

гъба

hubka

миксер

mixér

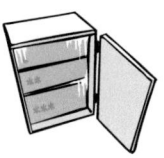

фризер

mraznička

бебешко шише

kojenecká fľaša

воден кран

vodovodný kohútik

# баня
# kúpeľňa

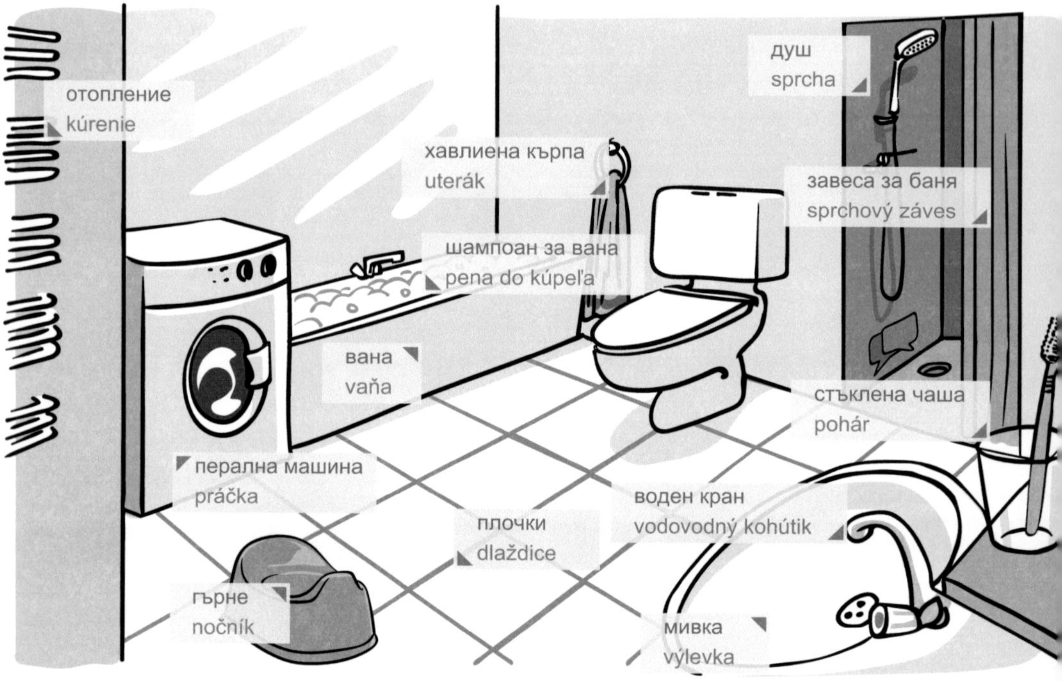
отопление
kúrenie
хавлиена кърпа
uterák
душ
sprcha
завеса за баня
sprchový záves
шампоан за вана
pena do kúpeľa
вана
vaňa
стъклена чаша
pohár
перална машина
práčka
воден кран
vodovodný kohútik
плочки
dlaždice
гърне
nočník
мивка
výlevka

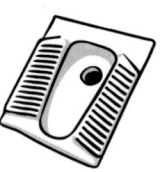

тоалетна

záchod

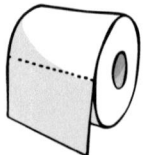

клекало

suchý záchod

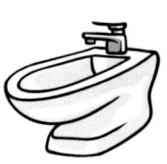

биде

bidet

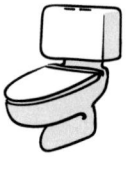

писоар

pisoár

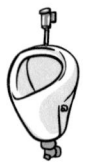

тоалетна хартия

toaletný papier

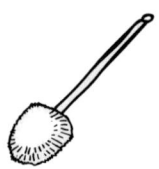

четка за тоалетна

záchodová kefa

четка за зъби

zubná kefka

паста за зъби

zubná pasta

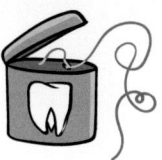

конец за зъби

dentálna niť

мия

umývať

ръчен душ

ručná sprcha

интимен душ

sprcha pre intímnu hygienu

леген

umývadlo

четка за гръб

kefa na chrbát

сапун

mydlo

душ гел

sprchový gél

шампоан за вана

šampón

гъба за баня

frotírová rukavica

сифон

odtok

крем

krém

дезодорант

dezodorant

огледало

zrkadlo

козметично огледало

kozmetické zrkadlo

ръчна самобръсначка

žiletka

пяна за бръснене

pena na holenie

одеколон за след
бръснене
voda po holení

гребен

hrebeň

четка

kefa

сешоар

sušič vlasov

спрей за коса

sprej na vlasy

грим

make-up

червило

rúž

лак за нокти

lak na nechty

памук

vata

ножица за нокти

nožnice na nechty

парфюм

parfum

**тоалетна чантичка**

kozmetická taška

**табуретка**

stolček

**везна**

váha

**хавлия**

kúpací plášť

**домакински ръкавици**

gumové rukavice

**тампон**

tampón

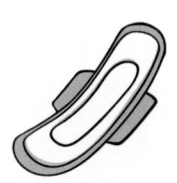

**дамски превръзки**

menštruačná vložka

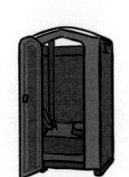

**химическа тоалетна**

chemické WC

# детска стая
# detská izba

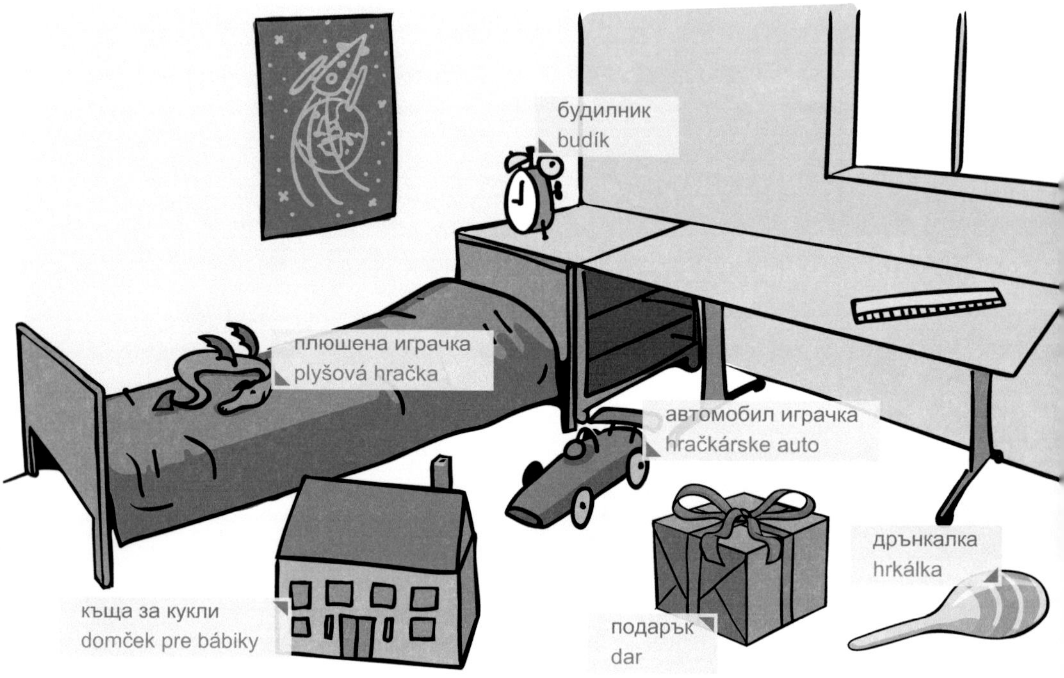

будилник
budík
плюшена играчка
plyšová hračka
автомобил играчка
hračkárske auto
дрънкалка
hrkálka
къща за кукли
domček pre bábiky
подарък
dar

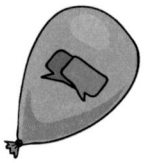

балон

balón

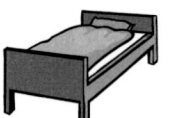

легло

posteľ

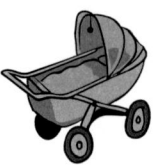

детска количка

detský kočík

игра на карти

karty

пъзел

puzzle

SUPER MEGA

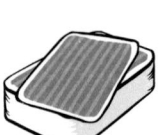

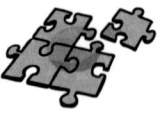

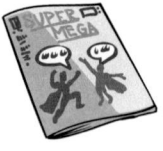

комикс

komix

лего елементи

skladačka lego

строителни елементи

stavebnica

екшън фигурка

akčná postavička

бебешки гащеризон

dupačky

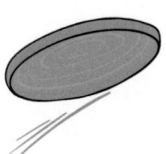

фрисби

lietajúci tanier

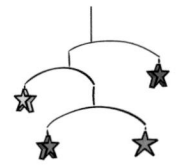

бебешки играчки за легло

závesné hračky

настолна игра

stolová hra

зарче

kocka

миниатюрно влакче

modelový vláčik

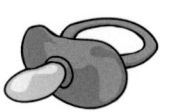

биберон

cumlík

парти

párty

детска книга с илюстрации

obrázková kniha

топка

lopta

кукла

bábika

играя

hrať sa

пясъчник

pieskovisko

люлка

hojdačka

играчка

hračky

игрова конзола

hracia konzola

велосипед с три колелета

trojkolka

плюшено мече

medvedík

гардероб

šatník

# облекло

## šatstvo

къси чорапи

ponožky

дълги чорапи

pančuchy

чорапогащник

pančuchové nohavičky

шал
šál

колан
opasok

чадър
dáždnik

Т-шърт
tričko

гуменки
tenisky

ботуши
čižmy

пантофи
papuče

сандали
sandále

обувки
topánky

гумени ботуши
gumáky

слип
spodky

сутиен
podprsenka

долна блуза
tielko

**боди**
body

**панталон**
nohavice

**дънки**
džínsy

**пола**
sukňa

**блуза**
blúzka

**риза**
košeľa

**пуловер**
pulóver

**суичър**
sveter

**блейзър**
blejzer

**яке**
bunda

**палто**
kabát

**дъждобран**
pršiplášť

**костюм**
kostým

**рокля**
šaty

**булчинска рокля**
svadobné šaty

костюм

oblek

нощница

nočná košeľa

пижама

pyžamo

сари

sari

кърпа за глава

šatka na hlavu

тюрбан

turban

бурка

burka

кафтан

kaftan

абая

abaja

бански костюм

dvojdielne plavky

плувни шорти

plavky

къс панталон

šortky

анцуг

tepláková súprava

престилка

zástera

ръкавици

rukavice

копче

gombík

очила

okuliare

гривна

náramok

верижка

retiazka

пръстен

prsteň

обеца

náušnica

каскет

čiapka

закачалка

vešiak

шапка

klobúk

вратовръзка

kravata

цип

zips

каска

prilba

тиранти

traky

ученическа униформа

školská uniforma

униформа

uniforma

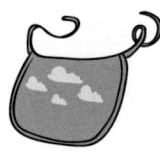

лигавник

podbradník

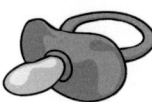

биберон

cumlík

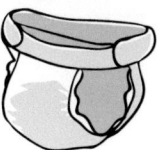

пелена

plienka

# офис
## kancelária

сървър
server
шкаф за документи
skriňa na spisy
принтер
tlačiareň
хартия
papier
монитор
monitor
мишка
myš
бюро
písací stôl
папка
zakladač
клавиатура
klávesnica
кошче за хартиени отпадъци
kôš na papier
компютър
počítač
стол
stolička


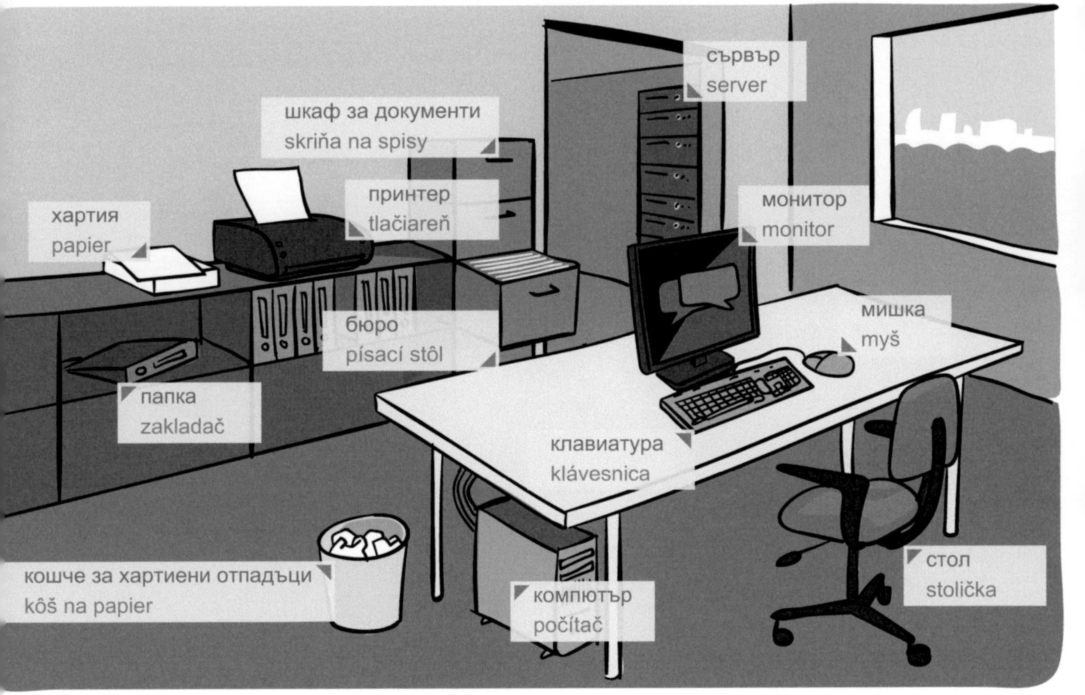

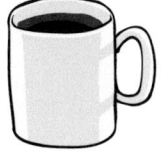

чаша за кафе

hrnček na kávu

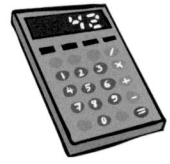

джобен калкулатор

kalkulačka

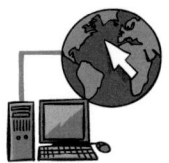

интернет

internet

лаптоп
laptop

писмо
list

съобщение
správa

мобилен телефон
mobil

мрежа
sieť

ксерокс
kopírka

софтуер
softvér

телефон
telefón

контакт
elektrická zásuvka

факс
fax

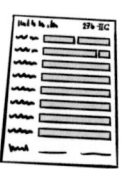

формуляр
formulár

документ
doklad

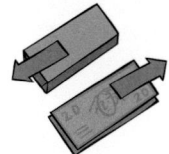

купувам

kúpiť

плащам

platiť

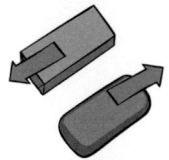

търгувам

obchodovať

пари

peniaze

 USD

долар

dolár

 EUR

евро

euro

 JPY

йена

jen

 RUB

рубла

rubeľ

 CHF

швейцарски франк

švajčiarsky frank

 CNY

ренминби юан

čínsky jüan

 INR

рупия

rupia

банкомат

bankomat

обменно бюро

zmenáreň

злато

zlato

сребро

striebro

нефт

ropa

енергия

energia

цена

cena

договор

zmluva

данък

daň

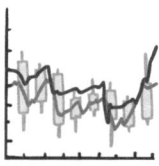

акция

akcia

работя

pracovať

служител

zamestnanec

работодател

zamestnávateľ

фабрика

továreň

магазин за цветя

obchod

# професии

# povolania

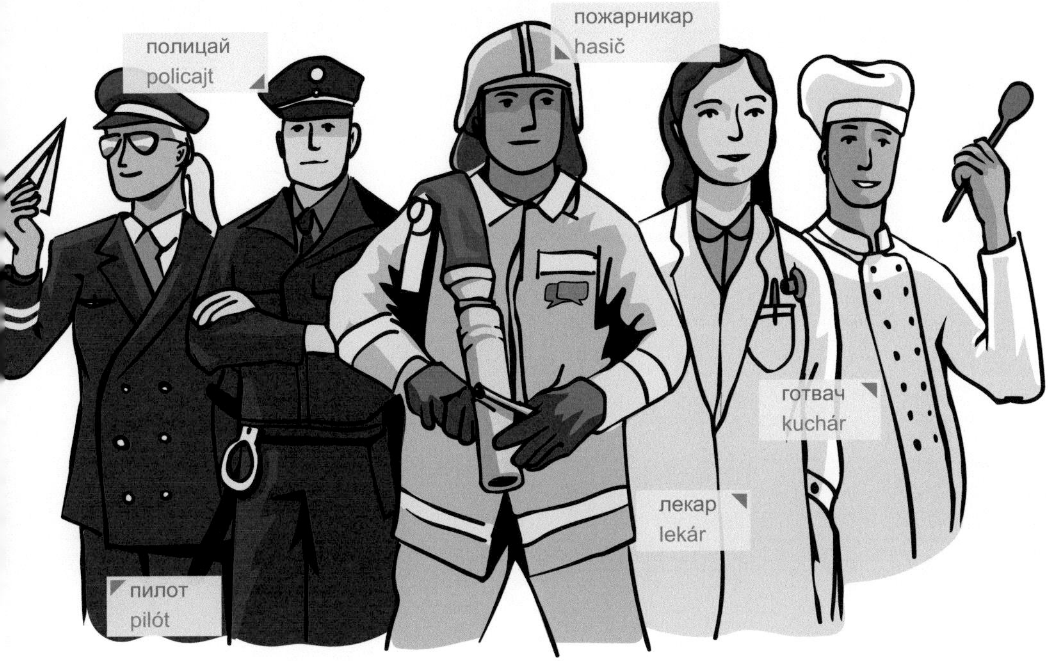
полицай
policajt
пожарникар
hasič
готвач
kuchár
лекар
lekár
пилот
pilót

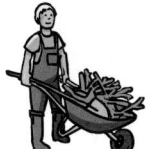

градинар

záhradník

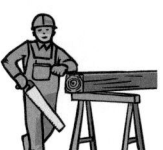

мебелист

stolár

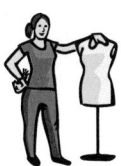

шивачка

krajčírka

съдия

sudca

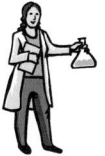

химик

chemik

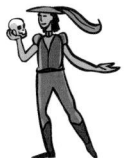

артист

herec

шофьор на автобус

vodič autobusu

шофьор на такси

taxikár

рибар

rybár

чистачка

upratovačka

майстор на покриви

pokrývač

келнер

čašník

ловец

poľovník

художник

maliar

хлебар

pekár

електротехник

elektrikár

строителен работник

stavebný robotník

инженер

inžinier

касапин

mäsiar

тенекеджия

klampiar

пощальон

poštár

войник

vojak

архитект

architekt

касиер

pokladník

цветар

kvetinár

фризьор

kaderník

кондуктор

sprievodca

механик

mechanik

капитан

kapitán

зъболекар

zubár

научен работник

vedec

равин

rabín

имàм

imám

монах

mních

свещеник

farár

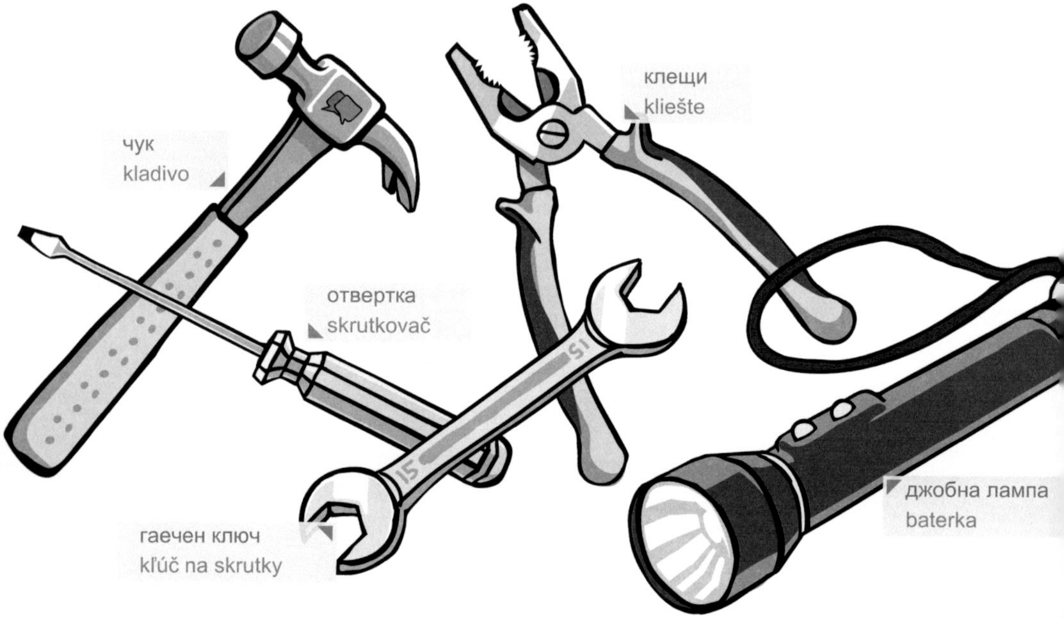

чук
kladivo

клещи
klиešte

отвертка
skrutkovač

гаечен ключ
kľúč na skrutky

джобна лампа
baterka

багер

bager

кутия за инструменти

súprava náradia

стълба

rebrík

трион

pílka

пирони

klince

бормашина

vrták

ремонтирам

opraviť

лопата

lopata

По дяволите!

Do čerta!

лопатка за смет

lopatka na smeti

кутия за боя

nádoba s farbou

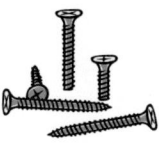

болтове

skrutky

# музикални инструменти

## hudobné nástroje

ударни инструменти
bicie

контрабас
kontrabas

тромпет
trúbka

високоговорител
reproduktor

китара
gitara

пиано

klavír

виолина

husle

контрабас

basa

тимпан

tympany

барабан

bubon

електрическо пиано

klávesnica

саксофон

saxofón

флейта

flauta

микрофон

mikrofón

# зоологическа градина
## ZOO

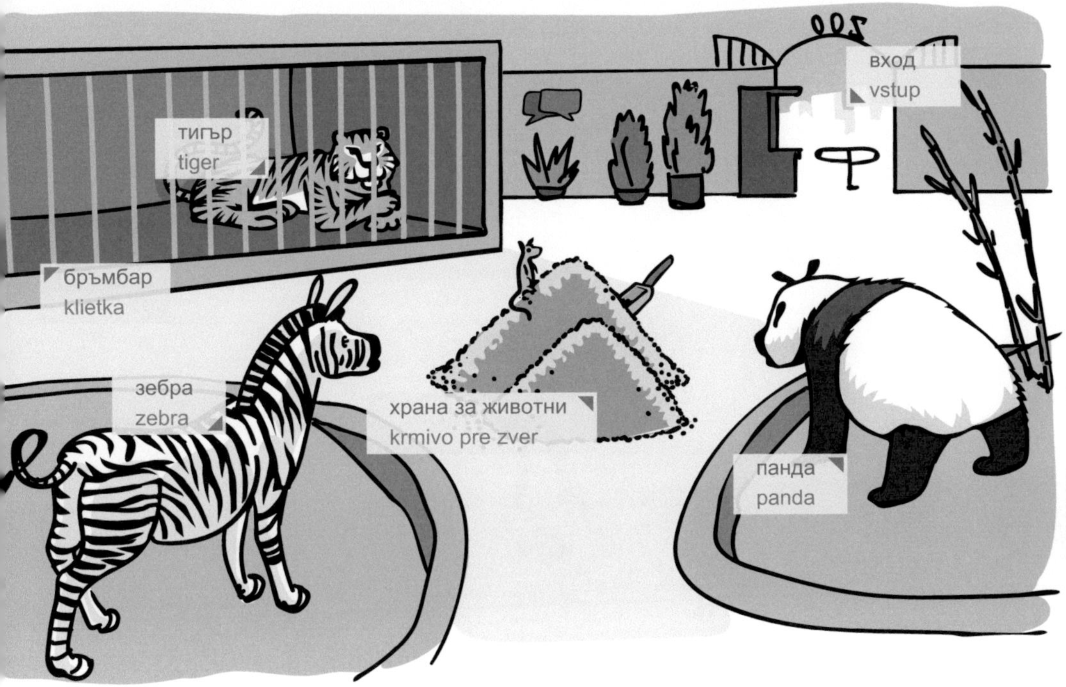

тигър
tiger
вход
vstup
бръмбар
klietka
зебра
zebra
храна за животни
krmivo pre zver
панда
panda


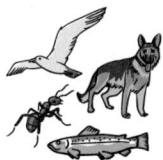

животни

zvieratá

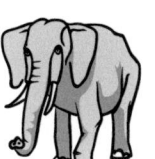

слон

slon

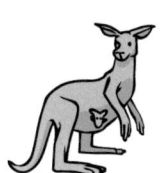

кенгуру

klokan

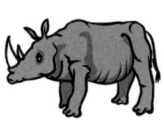

носорог

nosorožec

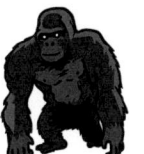

горила

gorila

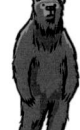

мечка

medveď

камила

ťava

щраус

pštros

лъв

lev

маймуна

opica

фламинго

plameniak

папагал

papagáj

бяла мечка

ľadový medveď

пингвин

tučniak

акула

žralok

паун

páv

змия

had

крокодил

krokodíl

пазач в зоологическа
градина

ošetrovateľ v ZOO

тюлен

tuleň

ягуар

jaguár

пони

poník

леопард

leopard

хипопотам

hroch

жираф

žirafa

орел

orol

диво прасе

diviak

риба

ryba

костенурка

korytnačka

морж

mrož

лисица

líška

газела

gazela

американски футбол
americký futbal

колоездене
cyklistika

тенис
tenis

баскетбол
basketbal

плуване
plávanie

бокс
box

хокей на лед
hokej

футбол

futbal

бадминтон

bedminton

лека атлетика

ľahká atletika

хандбал

hádzaná

ски бягане

lyžovanie

поло

pólo

# дейности

# aktivity

смея се
smiať sa
скачам
skočiť
прегръщам
objať
вървя
chodiť
пея
spievať
сънувам
snívať
моля се
modliť sa
целувам
pobozkať


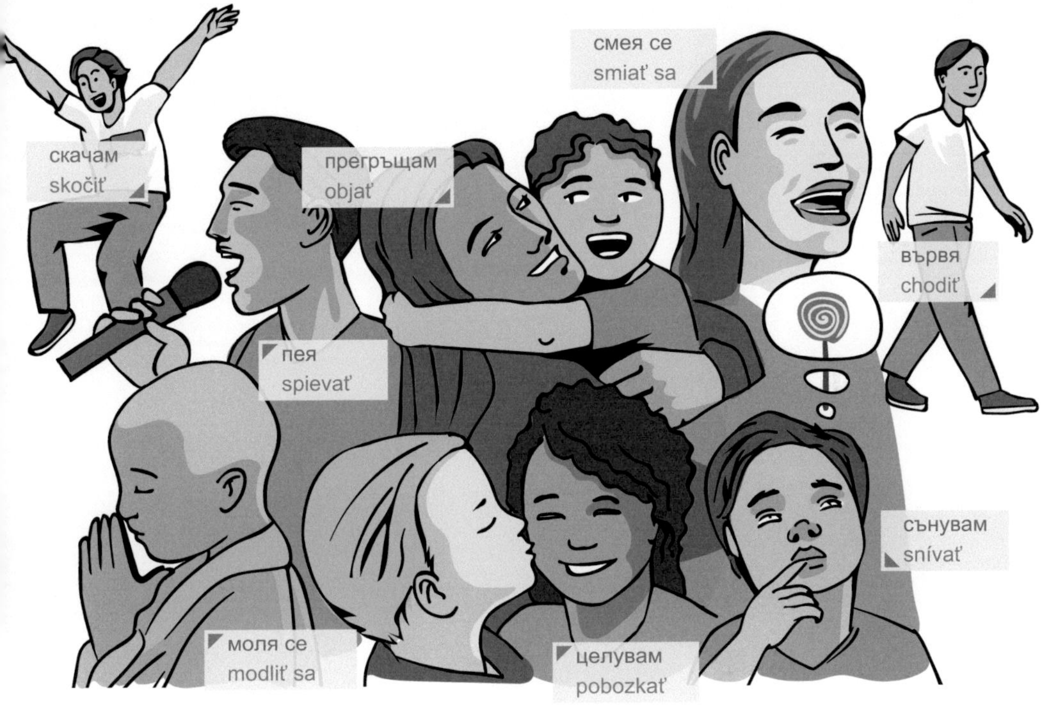

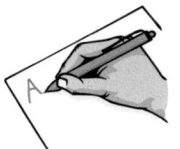

пиша

písať

рисувам

kresliť

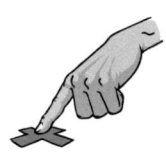

показвам

ukázať

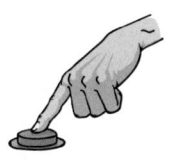

бутам

tlačiť

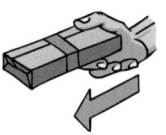

давам

dať

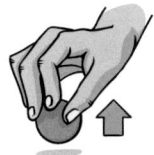

взимам

brať

имам

mať

правя

robiť

съм

byť

стоя

stáť

тичам

bežať

дърпам

ťahať

хвърлям

hádzať

падам

padnúť

лежа

ležať

чакам

čakať

нося

nosiť

седя

sedieť

обличам

obliecť sa

спя

spať

събуждам се

zobudiť sa

разглеждам

pozerať

плача

plakať

милвам

hladkať

реша се

česať

говоря

hovoriť

разбирам

rozumieť

питам

pýtať sa

слушам

počuť

пия

piť

ям

jesť

разтребвам

upratať

обичам

milovať

готвя

variť

карам автомобил

jazdiť

летя

letieť

плавам (с платна)

plachtiť

смятане

počítať

чета

čítať

уча

učiť sa

работя

pracovať

женя се

oženiť

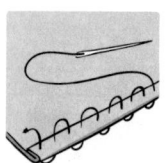

шия

šiť

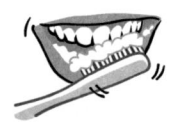

измивам си зъбите

čistiť zuby

убивам

zabiť

пуша

fajčiť

изпращам

poslať

баба
stará mama

дядо
starý otec

баща
otec

майка
mama

бебе
bábo

дъщеря
dcéra

син
syn

посетител

hosť

леля

teta

чичо

strýko

брат

brat

сестра

sestra

# тяло

# telo

чело
čelo
око
oko
рамо
plece
пръст
prst
лице
tvár
брадичка
brada
ръка
ruka
крак
noha
гърди
hruď
ръка
rameno


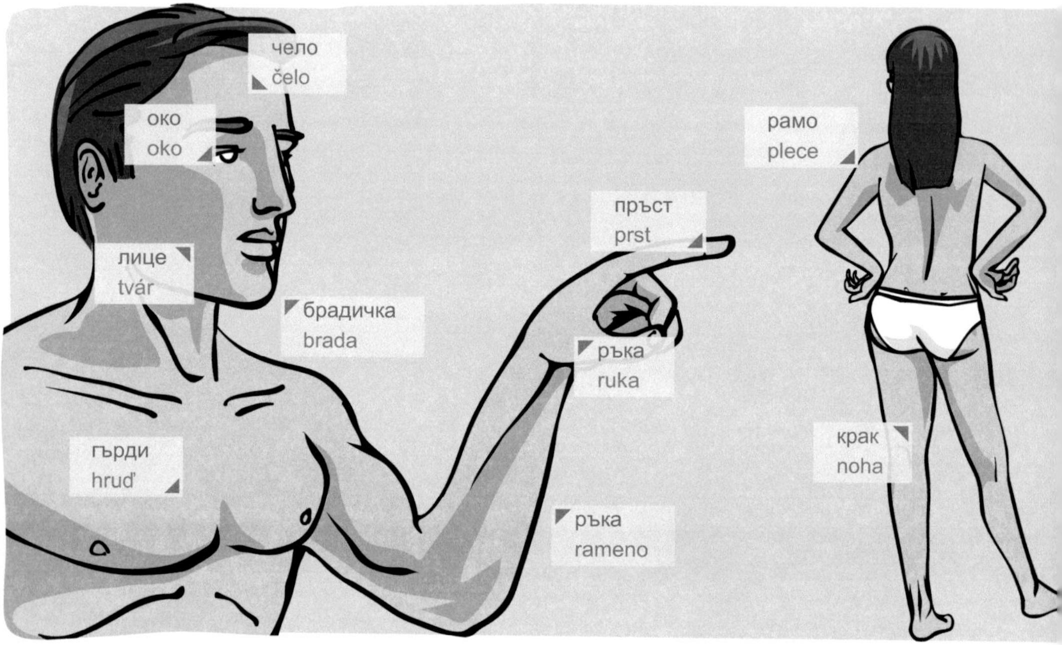

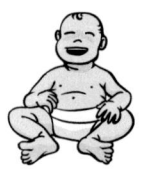

бебе

bábo

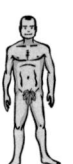

мъж

muž

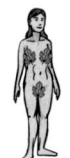

жена

žena

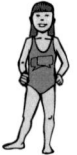

момиче

dievča

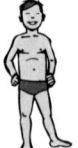

момче

chlapec

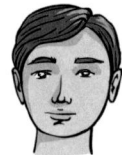

глава

hlava

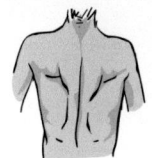

**гръб**

chrbát

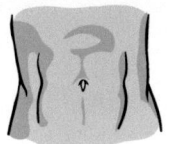

**корем**

brucho

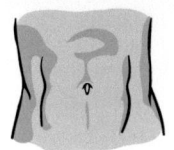

**пъп**

pupok

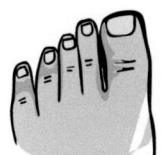

**пръст на крака**

prst na nohe

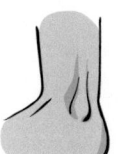

**пета**

päta

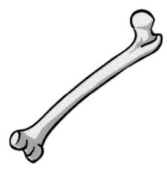

**кост**

kosť

**хълбок**

bok

**коляно**

koleno

**лакът**

lakeť

**нос**

nos

**седалище**

zadok

**кожа**

koža

**буза**

líce

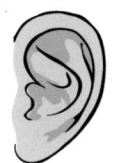

**ухо**

ucho

**устна**

pery

уста

ústa

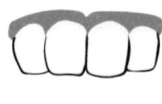

зъб

zub

език

jazyk

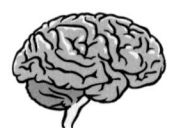

мозък

mozog

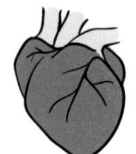

сърце

srdce

мускул

svaly

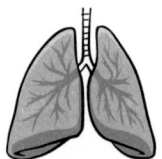

бял дроб

pľúca

черен дроб

pečeň

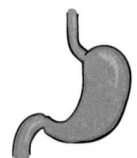

стомах

žalúdok

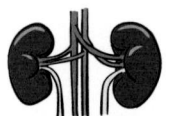

бъбреци

obličky

полово сношение

pohlavný styk

кондом

kondóm

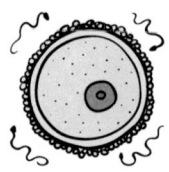

яйцеклетка

vaječná bunka

сперма

semeno

бременност

tehotenstvo

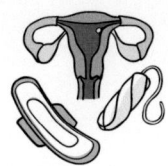

менструация

menštruácia

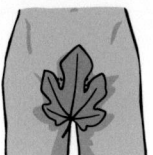

вагина

vagína

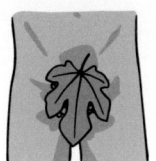

пенис

penis

вежда

obočie

коса

vlasy

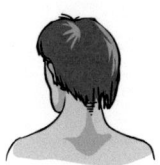

шия

krk

# болница
# nemocnica

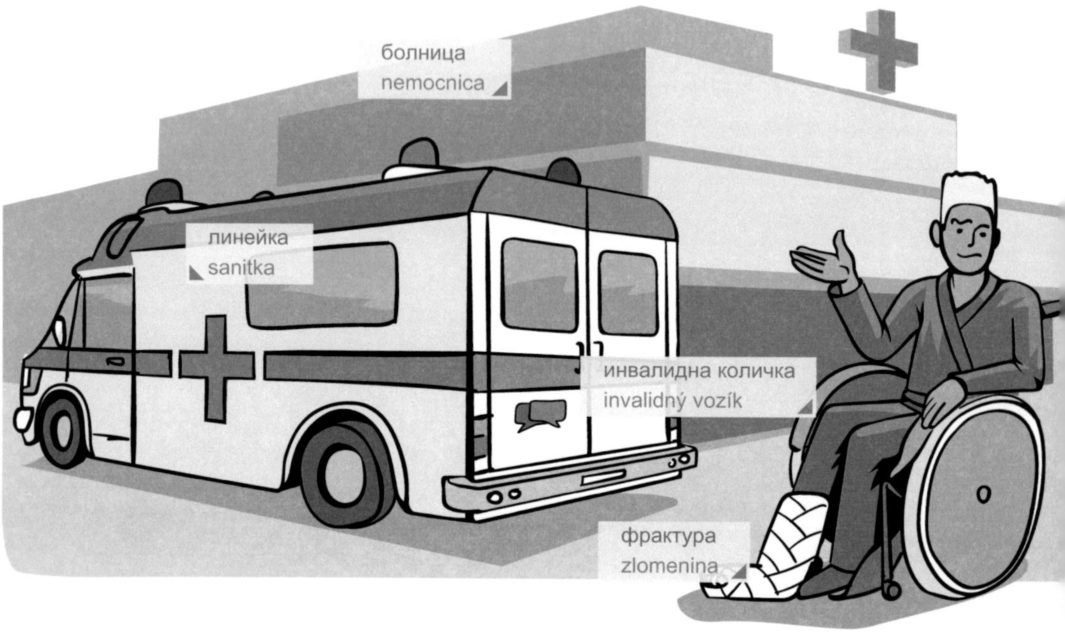

болница
nemocnica
линейка
sanitka
инвалидна количка
invalidný vozík
фрактура
zlomenina

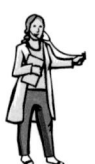

лекар

lekár

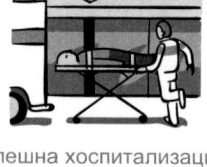

спешна хоспитализация

urgentný príjem

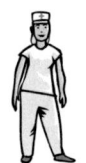

медицинска сестра

sestrička

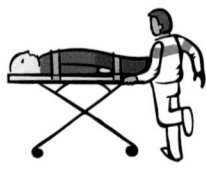

спешен случай

urgentný prípad

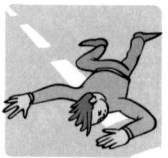

в безсъзнание

v bezvedomí

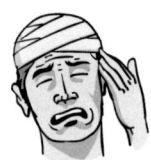

болка

bolesť

нараняване

zranenie

кървене

krvácanie

инфаркт

srdcový infarkt

инсулт

mozgová porážka

алергия

alergia

кашлица

kašeľ

температура

teplota

грип

chrípka

диария

hnačka

главоболие

bolesť hlavy

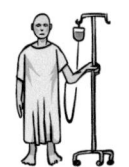

рак

rakovina

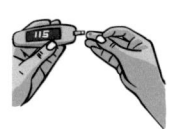

диабет

cukrovka

хирург

chirurg

скалпел

skalpel

операция

operácia

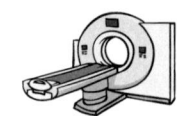

компютърна томография

CT

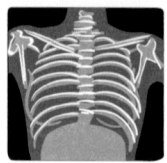

рентген

RTG

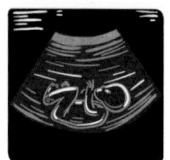

ултразвук

ultrazvuk

маска

maska

болест

choroba

чакалня

čakáreň

патерица

barla

пластир

náplasť

превръзка

obväz

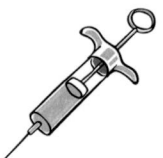

инжекция

injekcia

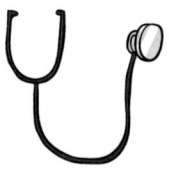

стетоскоп

fonendoskop

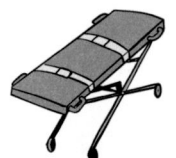

носилка

nosidlá

термометър

teplomer

раждане

pôrod

наднормено тегло

nadváha

слухов апарат

audiofón

дезинфекционно средство

dezinfekčný prostriedok

инфекция

infekcia

вирус

vírus

HIV / AIDS

HIV / AIDS

медицина

medicína

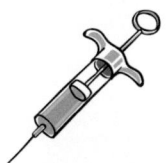

ваксинация

očkovanie

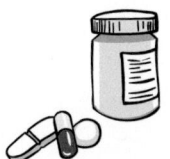

таблети

tabletky

противозачатъчна
таблетка
antikoncepčná pilulka

спешно телефонно
обаждане
tiesňové volanie

апарат за измерване на
кръвното налягане

tlakomer

болен / здрав

chorý / zdravý

Помощ!

Pomoc!

сигнал за тревога

alarm

нападение

prepad

атака

útok

опасност

nebezpečenstvo

авар컨ен изход

núdzový východ

Пожар!

Horí!

пожарогасител

hasičský prístroj

злополука

nehoda

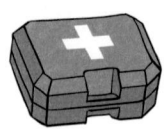

комплект за оказване на
първа помощ

kufrík prvej pomoci

SOS

SOS

полиция

polícia

Европа

Európa

Северна Америка

Severná Amerika

Южна Америка

Južná Amerika

Африка

Afrika

Азия

Ázia

Австралия

Austrália

Атлантически океан

Atlantický oceán

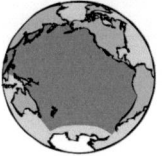

Тихи океан

Tichý oceán

Индийски океан

Indický oceán

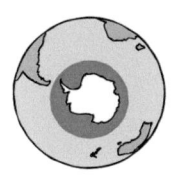

Южен ледовит океан

Južný oceán

Северен ледовит океан

Severný ľadový oceán

Северен полюс

Severný pól

Южен полюс

Južný pól

Антарктида

Antarktída

Земя

Zem

суша

krajina

море

more

остров

ostrov

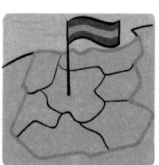

нация

národ

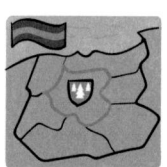

държава

štát

циферблат

ciferník

стрелка на часовете

hodinová ručička

стрелка на минутите

minútová ručička

стрелка на секундите

sekundová ručička

Колко е часът?

Koľko je hodín?

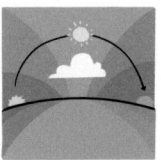

ден

deň

време

čas

сега

teraz

дигитален часовник

digitálne hodiny

минута

minúta

час

hodina

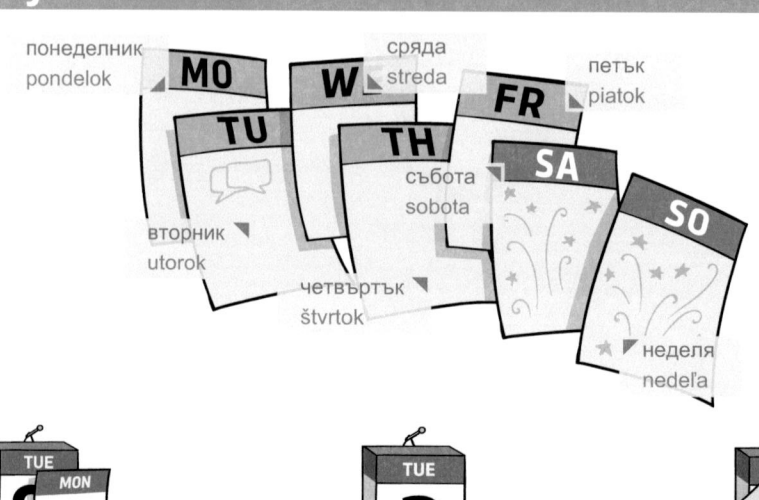

понеделник
pondelok

MO

вторник
utorok

TU

W

сряда
streda

TH

четвъртък
štvrtok

събота
sobota

FR

петък
piatok

SA

SO

неделя
nedeľa

вчера

včera

днес

dnes

утре

zajtra

сутрин

ráno

обед

poludnie

вечер

večer

работни дни

pracovné dni

уикенд

víkend

дъжд
dážď

дъга
dúha

вятър
vietor

сняг
sneh

пролет
jar

есен
jeseň

лято
leto

зима
zima

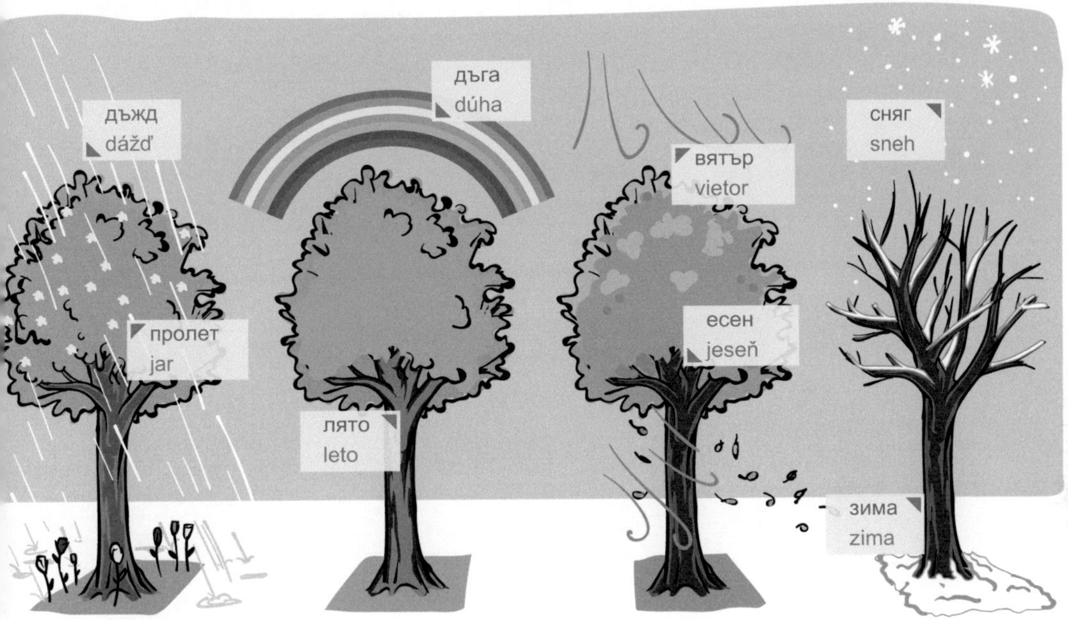

прогноза за времето

predpoveď počasia

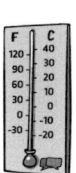

термометър

teplomer

слънчева светлина

slnečný svit

облак

oblak

мъгла

hmla

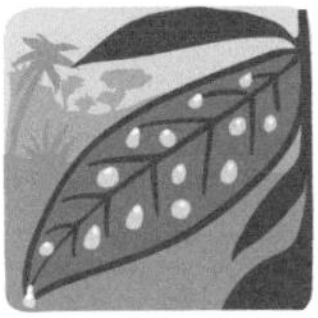

влажност на въздуха

vlhkosť vzduchu

светкавица

blesk

гръмотевица

hrom

буря

búrka

градушка

krúpy

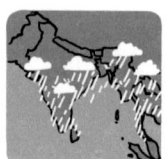

мусон

monzún

наводнение

záplava

лед

ľad

януари

január

февруари

február

март

marec

април

apríl

май

máj

юни

jún

юли

júl

август

august

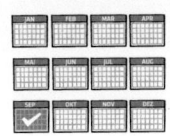

септември
.................
september

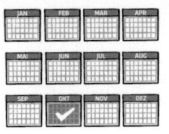

октомври
.................
október

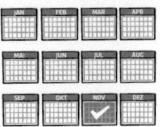

ноември
.................
november

декември
.................
december

# форми

## tvary

кръг
.................
kruh

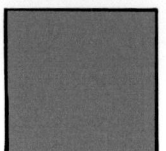

квадрат
.................
štvorec

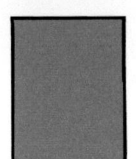

четириъгълник
.................
obdĺžnik

триъгълник
.................
trojuholník

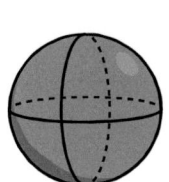

сфера
.................
guľa

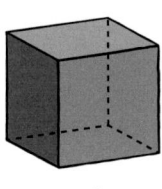

куб
.................
kocka

бял

biela

жълт

žltá

оранжев

oranžová

розов

ružová

червен

červená

лилав

fialová

син

modrá

зелен

zelená

кафяв

hnedá

сив

šedá

черен

čierna

много / малко

veľa / málo

ядосан / спокоен

zúrivý / pokojný

красив / грозен

pekný / škaredý

начало / край

začiatok / koniec

голям / малък

veľký / malý

светъл / тъмен

svetlý / tmavý

брат / сестра

brat / sestra

чист / мръсен

čistý / špinavý

пълен / непълен

úplný / neúplný

ден / нощ

deň / noc

мъртъв / жив

mŕtvy / živý

широк / тесен

široký / úzky

ядлив / неядлив

chutný / nechutný

сърдит / любезен

zlostný / láskavý

развълнуван / скучаещ

vzrušený / unudený

дебел / тънък

tlstý / chudý

най-напред / най-накрая

prvý / posledný

приятел / враг

priateľ / nepriateľ

пълен / празен

plný / prázdny

твърд / мек

tvrdý / mäkký

тежък / лек

ťažký / ľahký

глад / жажда

hlad / smäd

болен / здрав

chorý / zdravý

нелегален / легален

nelegálny / legálny

интелигентен / глупав

inteligentný / hlúpy

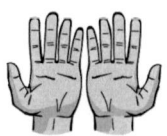

ляво / дясно

vľavo / vpravo

близо / далече

blízko / ďaleko

нов / употребяван

новý / použitý

нищо / нещо

nič / niečo

стар / млад

starý / mladý

вкл. / изкл.

zapnuté / vypnuté

отворен / затворен

otvorené / zatvorené

тих / силен (звук)

tichý / hlasný

богат / беден

bohatý / chudobný

правилен / погрешен

správne / nesprávne

грапав / гладък

drsný / hladký

тъжен / щастлив

smutný / šťastný

дълъг / къс

krátky / dlhý

бавен / бърз

pomaly / rýchlo

мокър / сух

mokrý / suchý

топъл / студен

teplý / studený

война / мир

vojna / mier

## čísla

**0**

нула
nula

**1**

едно
jeden

**2**

две
dva

**3**

три
tri

**4**

четири
štyri

**5**

пет
päť

**6**

шест
šesť

**7**

седем
sedem

**8**

осем
osem

**9**

девет
deväť

**10**

десет
desať

**11**

единадесет
jedenásť

**12**

дванадесет

dvanásť

**13**

тринадесет

trinásť

**14**

четиринадесет

štrnásť

**15**

петнадесет

pätnásť

**16**

шестнадесет

šestnásť

**17**

седемнадесет

sedemnásť

**18**

осемнадесет

osemnásť

**19**

деветнадесет

devätnásť

**20**

двадесет

dvadsať

**100**

сто

sto

**1.000**

хиляда

tisíc

**1.000.000**

милион

milión

английски

angličtina

американски английски

americká angličtina

китайски мандарин

mandarínska čínština

хинди

hindčina

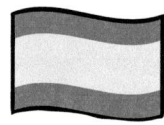

испански

španielčina

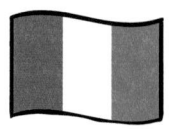

френски

francúzština

арабски

arabčina

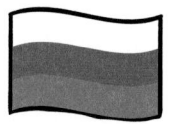

руски

ruština

португалски

portugalčina

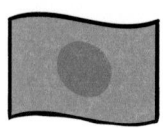

бенгалски

bengálčina

немски

nemčina

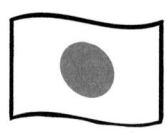

японски

japončina

аз

ja

ти

ty

той / тя / то

on/ona/ono

ние

my

вие

vy

те

oni

кой?

kto?

какво?

čo?

как?

ako?

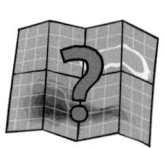

къде?

kde?

кога?

kedy?

име

meno

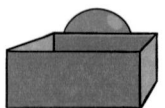

зад

za

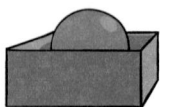

в

v

пред

pred

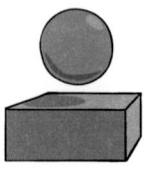

над

nad

върху

na

под

pod

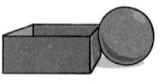

до

vedľa

между

medzi

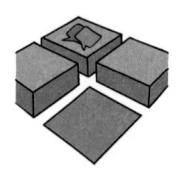

място

miesto